BEI GRIN MACHT SICH IHR WISSEN BEZAHLT

- Wir veröffentlichen Ihre Hausarbeit, Bachelor- und Masterarbeit

- Ihr eigenes eBook und Buch - weltweit in allen wichtigen Shops

- Verdienen Sie an jedem Verkauf

Jetzt bei www.GRIN.com hochladen
und kostenlos publizieren

André Böhlmann

Willirams Prosaparaphrase. Referat und Lernzusammen-fassung

GRIN Verlag

Bibliografische Information der Deutschen Nationalbibliothek:

Die Deutsche Bibliothek verzeichnet diese Publikation in der Deutschen National-
bibliografie; detaillierte bibliografische Daten sind im Internet über http://dnb.d-
nb.de/ abrufbar.

Impressum:

Copyright © 2013 GRIN Verlag GmbH
Druck und Bindung: Books on Demand GmbH, Norderstedt Germany
ISBN: 978-3-656-70637-3

Dieses Buch bei GRIN:

http://www.grin.com/de/e-book/277761/willirams-prosaparaphrase-referat-und-
lernzusammenfassung

GRIN - Your knowledge has value

Der GRIN Verlag publiziert seit 1998 wissenschaftliche Arbeiten von Studenten, Hochschullehrern und anderen Akademikern als eBook und gedrucktes Buch. Die Verlagswebsite www.grin.com ist die ideale Plattform zur Veröffentlichung von Hausarbeiten, Abschlussarbeiten, wissenschaftlichen Aufsätzen, Dissertationen und Fachbüchern.

Besuchen Sie uns im Internet:

http://www.grin.com/

http://www.facebook.com/grincom

http://www.twitter.com/grin_com

1. Zweisprachigkeit und Willirams Prosaparaphrase

- Zwei Sprachen verwendet – daher automatisch zweisprachiges Werk?

- Aktive vollendete Gleichbeherrschung zweier Sprachen vs. Kenntnis einzelner fremdsprachlicher Vokabeln um von Zweisprachigkeit sprechen zu können

- Im MA war es üblich, dass die Gebildeten Deutsch und Latein ausgesprochen gut beherrschten → Verständnisprobleme sprachlicher Natur waren bei den Rezipienten von Willirams Paraphrase nicht zu erwarten

- Williram als Bilinguist sprach als Erstsprache (wer mochte das vermuten) Deutsch, dennoch finden sich Teile, in denen Williram ausschließlich das Latein verwendet

- Bestimmung von Sprachzugehörigkeit über das finite Verb, worin sich die Satzintention zeigt. Williram entlehnt keine Verben und passt sie auch nicht der deutschen Grammatik an, indem er sie mit entspr. Endungen versieht

2. Betrachtung der Mischsprache bei Williram

- Welche Aufgaben haben die beiden verwendeten Sprachen?

- Was ist bei Williram Erstsprache und Zweitsprache?→danach kann man die Mischsprache des Sprechers besser verstehen

- Deutsch darf als Erstsprache des Ebersberger Abtes verstanden werden, da er in einer deutschsprachigen Familie aufgewachsen ist und sich des Lateins nur bediente, wenn er sich unter Gelehrten bewegte – Latein als Sprache wissenschaftlicher, künstlerischer und kirchlicher Verständigung – Latein war jedoch für fast alle Sprecher, mit denen Williram verkehrte nur Zweitsprache, was natürlich nicht gänzlich folgenlos für die Sprache blieb

- Mischsprache: das Deutsche ist bei Williram mit Elementen der Zweitsprache durchsetzt, meist nach dem Ersetzungsprinzip eingefügt, Latein als sozial höherstehende Sprache hingegen wird rein gehalten

- 2.1.2 Quantitätsvergleich

- die Unterscheidung von Erst- und Zweitsprache lässt sich bei Williram durch die Feststellung der Mengenanteile rechtfertigen

- in dem Abschnitt der Paraphrase wurden die Wörter des Deutschen und des Latein gezählt

- Kap. 40-49 L280 D650

- Kap. 70-79 L303 D454

- Kap. 110-119 L407 D530

- Verhältnis insgesamt ungefähr 1,7 : 1 für das Deutsche

- Nachweise für Deutsch als Erstsprache:

„So mir din corporalis praesentia per ascensionem uuirdit oblata, so uuil ih dir skeinan fortissimum feruorem amoris,"
Kap. 132,3-5 DEUTSCHE KONJUNKTION in der Kennzeichnung des Konditionalsatzes bei Lateinischem Prädikat und Subjekt. Das „din" als deutsches Possesivpronomen sichert zudem das deutsche Satzmuster ab
Interessant ist noch, dass von der deutschen Konjunktion aus ein Sprachwechsel möglich ist, sich aber keine Beispiele finden lassen, bei denen es anders herum funktioniert (Latein wird als Zweitsprache rein gehalten)

Weiteres Beispiel
„Flores bezeichenent initia uirtutum, mala perfectionem bonorum operum"
31, 3/4
Das Prädikat steht an der Stelle, die es in einem reinen deutschen Satz auch inne hätte.

Zusammenfassung: Konjunktionen sind bei Williram recht wichtige Gestaltungsmittel: sie steuern und schalten um, jedoch nur in der deutschen Sprache (vom Latein ausgehend findet sich diese Anwendung nicht) – daher erhält das Deutsche die Rolle als Erstsprache

3. Die Lateinischen Elemente

- Allgemein darf festgestellt werden, dass Williram ein gutes Latein schreibt, seine Grammatik auf Beste beherrscht

- Stilistisch bewegt er sich in den Bahnen der großen Exegesevorgänger

- Willirams Latein besitzt Vorbildcharakter, besonders wenn man das Gebrauchslatein, dass im 11 Jhd vorherrscht, mit ihm vergleicht

- Schwächen sind kaum denkbar, da er selbst gelungne leonische Hexameter neben eine deutsche Paraphrase voller lateinischer Einsprengsel stellt wie bei einem Verfasser sprachlich vollkommener Gedichte

- Zwar stellen die meisten lateinischen Wendungen, die in den deutschsprachigen Kontext eingearbeitet sind nur kurze Proben seiner Sprachbeherrschung dar, doch sind sie zahlreich genug, um mit den nicht seltenen lateinischen Nebensätzen von der Korrektheit und Flüssigkeit des von Willirams geschriebenen Lateins Zeugnis zu geben

- Herkunft lateinischer Einschübe:

- Elemente aus der Vulgata (der lateinischen Bibelübersetzung), W verwendet viele Bibelzitate und lässt zahlreich Vulgatastellen anklingen, wobei die Anklänge die direkten Zitate quantitativ weit übersteigen

- Willirams Sprache ist darüber hinaus sehr stark vom biblischen Latein geprägt

- Neben der Vulgata wirkten auf Williram die Schriften (v.a. Hoheliedkommentare) der großen Kirchenväter und er wagte nicht, Gedanken- und Begriffskreise dieser großen Männer in einem anderen sprachlichem Gewandt vorzuführen

- Unter den Schriften findet sich auch der Hoheliedkommentar von Haimo von Halberstadt. Williram verwendete teilweise ganz und gar Zitate von diesem: insgesamt fanden sich in 32 verglichenen Kapiteln Willirams Paraphrase und dem Hoheliedkommentar Haimos 140 wörtliche Übereinstimmungen

- Das gemeinsame zurückgreifen auf den genauen Wortlaut des „canticum canticorum" macht dabei einen verhältnismäßig keinen Teil aus

- Haimo wie Williram verwendeten beide dagegen schon häufiger die gleichen Stellen des Neuen Testaments

- Es lässt sich insgesamt der ziemlich enge Anschluss Willirams an Haimos Kommentar erkennen, wobei nicht von einer sklavischen Übernahme zu sprechen ist

- Williram ging es nicht um eine getreue Abschrift Haimos Kommentar, sondern in erster Linie darum, wichtige Gedankengänge oder Ausdrücke aus dieser Quelle zu entnehmen und selbst darzustellen in seiner eigenen Hoheliedauslegung

- Haimo stellt die Hauptquelle für Willirams gemischtsprachliche Paraphrase

- seine andere Quellen von Alcuin, Angelomus, Beda und Gregor dem Großen (in Bedas 7 Buch) haben eine ähnliche Bearbeitung erfahren

- Neben der Bibel und den anderen Quellen klingen auch Elemente der Liturgie bei Williram an. So findet sich beispielsweise die typisch liturgische Form eines Stufengebets bei Williram wieder. Williram arbeitet also auch mit Wendungen aus der Liturgie

- Personennamen und geographische Bezeichnungen sind teilweise nicht eindeutig einer der beiden verwendeten Sprachen zuzuordnen, da im Nominativ Singular aufgrund der fehlenden Flexion nach deutschen oder lateinischen Regeln oft nicht zu erkennen ist, ob der Name oder Ort auf Latein oder Deutsch gefasst ist. Generell drückt sie Williram aber nachweislich in beiden Sprachen aus

- Willirams Paraphrase ist in ihrem Wortschatz von vielen lateinischen theologischen Fachbegriffen geprägt (Liste Grabmeyer S. 50ff)

4. Die deutschen Elemente (59 ff)

- Bei Williram finden sich vier rein deutschsprachige Kapitel (5,8,20,22)

- In diesen Kapiteln findet sich kein einziges lateinisches Einsprängsel

- Keines von ihnen ist ohne Übersetzungsteil länger als dreieinhalb Zeilen, keines hat mehr als zwei Sätze

- Diese Feststellungen vermitteln jedoch nicht das wahre Bild von der Leistungskraft und Funktion des Deutschen innerhalb der Mischsprache, denn diese vier Abschnitte stellen sozusagen nur Ausnahmen in der exegetischen Tätigkeit Willirams dar und das nicht nur im sprachlichen Bereich, weil sie als einzige einsprachig sind, sondern in erster Linie auch darum, weil der Exeget den Bibelversen I 4 , I 13 und I 15 nur geringes Interesse entgegenbringt

- Diese jeweiligen Stellen des HL sind nämlich von eindeutiger Aussage, dass sich eine Stellungnahme des Exegeten erübrigt. Williram muss sein lateinisches Wissen nicht zur Ausbreitung und Kommentierung „verschwenden", da das Verständnis der Übersetzung keine Schwierigkeiten bereitet und das Instrument der Mischsprache nicht gebraucht werden muss

- Die deutsche Sprache begegnet in allen Teilen eines Satzes. Es gibt keinen Sprachbereich, der nicht von ihr gemeistert werden könnte

- Wo Williram dem Lateinischen den Vorzug gab, tat er dies in exegetischer und gestalterischer Absicht

- Die zitierten Sätze haben eines gemein: sie zeichnen sich durch ihre Kürze und das gleichen Sprachduktus aus

- Deutsche Relativsätze und mit „uuante" eingeleitete Kausalsätze haben die Aufgabe, eine vorher getroffene Aussage zu verdeutlichen

- In ihrer Gestaltung sind keine Abweichungen vom üblichen Sprachgebrauch des 11. Jhd festzustellen

- Die deutsche Sprache bildet das Grundelement der Mischsprache

- Die deutschen Begriffe der Kirchensprache, die Williram verwendet, sind keine Neuschöpfungen, vielmehr greift der Exeget auf bewährte Formulierungen aus althochdeutscher Zeit zurück

- Vergleicht man den Wortschatz der Übersetzung mit dem der Mischsprache, so gelangt man zu der überraschenden Feststellung, dass nicht wenige Wörter aus der Übersetzung im eigentlichen Paraphraseteil gar nicht vorkommen. An ihrer Stelle gebraucht Williram lateinische Entsprechungen

- Williram verfügt über einen umfangreichen deutschen Wortschatz, verwendet diesen jedoch nicht

5. Der deutsche und lateinische Wortschatz im Vergleich

- Es kann eine Gleichwertigkeit des Wortschatzes der beiden Sprachen konstatiert werden
- Die sprachliche Doppelung findet sich bei Dingen des alltäglichen Lebens, wie kirchlichen Bereichen. Dabei wird kein Glied eines Satzes ausgenommen

- Zwar gibt es gewisse Strukturen, die mehr der deutschen Sprache vorbehalten sind (z.B. die bereits angesprochenen Steuerungswörter), doch es lassen sich auch hier etliche Fälle lateinischer Konjunktionen aufzählen, die entweder als Glied einer längeren lateinischen Passage fungieren oder durch die Einwirkung sprachlicher Nachbarschaft entstanden sind.

- Daneben können auch Unterschiede in der Häufigkeit der Sprachzugehörigkeit bei Subjekt, Prädikat und Objekt, sowie beim Attribut beobachtet werden

- es gibt aber weder hier noch im Bereich des Wortschatzes irgendwelche Reservate für die eine oder andere Sprache

- Dennoch gibt es Bereiche im Hoheliedkommentar, für die je eine Sprache weitreichendere Verwendung findet

- Es können deutsche Wörter ausfindig gemacht werden, für die es keine lateinischen Entsprechungen gibt und umgekehrt

6. Wiederholungen

- Bei der Auswahl lateinischer Elemente der Mischsprache war bereits ein starker Zug zur formelhaften Wiederholung aufgefallen

- Die Ähnlichkeit oder gar Gleichheit vieler Passagen rührt z.t. von der Übereinstimmung des jeweiligen Wortes der Vulgata mit einer früheren Stelle des HL her, z.T. ist sie aber auch Ausdruck des gleichen Deutungsansatzes. Die zwei oder dreimal verwendeten lateinischen Wendungen lassen deutliche Exegeseschwerpunkte erkennen. Wird eine Wendung im folgenden Kapitel wieder aufgegriffen, kann neben dem Formelcharakter auch eine Tendenz zur Vereinheitlichung und zum Betonen der Zusammengehörigkeit der zunächst isoliert wirkenden Einzelaussagen des HL wie der Auslegung festgestellt werden.

7. Erscheinungsformen der Sprachmischung in der Prosaparaphrase

- Im Folgenden werden Auffälligkeiten bei der Sprachmischung festgehalten und beschrieben
- Die Sprache wirkt unter anderem zusammen über Verben und Substantive

Sprachmischungen beim Verb:

- Bei Williram lassen sich sehr viele deutsche Modalverben finden, die ein anschließendes lateinisches Verb im Infinitiv besitzen
„Uuollent sie radicem mittere deorsum, so mugon sie facere fructum sursum" (114, 5-7)

- Gelegentlich hängen auch zwei lateinische Verben von einem deutschen Modalverb ab, wobei die lateinischen Infinitive durch ein „et" verbunden sind (128,7)

- Es gibt auch deutsche Vollverben, von denen ein lateinisches Verb dominiert wird „die machent sie dormire inter medios cleros" (128,14)
- Es finden sich allerdings auch rein deutschsprachige Modalausdrücke (z.B. 102, 2/3)

- In allen Fällen von Sprachmischung ist stets ein deutsches Verb einem lateinischen übergeordnet. Der umgekehrte Fall kann in der Prosaparaphrase nirgends festgestellt werden. Dies würde auch nicht zum Zitatcharakter der lateinischen Einschübe passen und ließe sich auch nicht mit der Steuerungsfunktion der deutschen Sprache in Einklang bringen

- Bei Williram stößt man besonders häufig auf vermischte Verbformen, bei denen ein lateinisches Partizip Passiv mit einem deutschen Hilfsverb verbunden wird „so ih in uuirdo reuelatus" (59,19)

- Weiterhin häufige Zusammensetzungen findet man mit dem Hilfsverb „uuerdan"
- Diese Mischverfahren innerhalb einer zusammengesetzten Verbform scheint im MA nichts außergewöhnliches gewesen zu sein (im Ezzolied finden sich gleiche Konstruktionen)

- Sprachverteilung:
    Kap. 61-100: 55,4% rein deutsche Hilfsvergefüge,
        13,2% rein lateinische Hilfsverb-Gefüge
        33,3% hybride Verbgefüge (stets dt.HV + lat. Part.)

→ niedriger Anteil an lateinischen Hilfsverbgefügen, dabei ist zu berücksichtigen, dass viele Belege in den Vulgatazitaten gesammelt wurden

- Bei den hybriden Gefügen handelt es sich stets um eine Kombination aus deutschen Hilfsverb und lateinischem Partizip oder Adjektiv oder um eine sprachlich gemischte Gerundivform. Der hohe Anteil dieser Verbformen darf als Ausdruck des allgemeinen Gestaltungswillens angesehen werden, der die sprachliche Lenkung der Aussage und ihre inhaltliche Akzentuierung mit den Mitteln zweier verschiedener Sprachen bewältigt

Pleonastisch hybride Form:

- Nicht selten treffen ein deutsches Personalpronom und eine lateinische Verbform aufeinander
„ih consentiebam carnalibus desideriis" (48,13/14)
„siu procedebant ex potentia diuinitatis" (92,7)

- Bei vielen der grammatisch pleonastischen Formulierungen könnte man zunächst an einen Verlust der Orientierung während das Sprechens oder Schreibens denken, doch widersprechen dieser Ansicht die o.g. Textstellen.

- Das Personalpronomen (mit dem ein Satz begonnen wird) wird Ausdruck der deutschen Satzplanung

- In der Prosaparaphrase begegnen viele lateinische Akkusativobjekte, die von einem deutschen Verb gesteuert werden
„so ih pacem habon"

- Lateinische Personalpronomen hingegen findet man nicht in Verbindung mit deutschen Verben, da die Bereitstellung des Aussagekontinuums ausschließlich vom deutschen Part der Mischsprache geleistet wird

Sprachmischungen beim Substantiv:

- In fast allen Kapiteln finden sich Beispiele für die Verwendung der deutschen Präposition „mit", verbunden mit einem lateinischen Substantiv
„mit spiritualibus armis" (51,12) , „mit gladio uerbi dei"(51,16) etc.

- Auch das Verhältniswort „in" taucht in Verbindungen mit lateinischen Substantiven auf. In folgenden Beispielen wird auch deutlich, dass oft ein deutscher Artikel vorangestellt wird
„in dero confluentia" (117,13), „in demo dinemo primitiuo horto" (71,9/10)

- In anderen Fällen kann nicht eindeutig festgestellt werden, ob auf eine deutsche Passage folgenden „in" der lateinische Teil mit einem deutschen oder lateinischen Verhältniswort eingeleitet wird, da diese Präposition beiden Sprachen angehört

    „du der nu bist in sinu patris" (130,4/5)

- Nicht selten drängen sich zwischen deutsches Verhältniswort und lateinisches Substantiv mehrere lateinische Wörter

- Das deutsche Verhältniswort (so wird beim Betrachten der Beispiele sicher deutlich) holt den lateinischen Fremdkörper in das deutsche Satzgefüge, was durch die Einschiebung eines weiteren deutschen Elements noch unterstützt wird

- Die Lateinischen Einfügungen, die nur aus einem Substantiv oder einer kleinen in sich geschlossenen Wortgruppe bestehen erhalten hierdurch den Charakter einer isolierten, zitathaften Einblendung

- Betrachtet man die gemischtsprachlichen Präpositionalphrasen in ihrem Kontext und vergleicht mit ihnen einsprachige Präpositionalausdrücke, so lässt sich im Allgemeinen erkennen, dass rein lateinische Fügungen entweder Bestandteile längerer lateinischer Passagen bilden oder in die Mischsprache eingefügt werden

- Letztere sind gänzlich Träger eines exegetischen Gedankens

- Die mit deutschen Verhältniswörtern gestalteten Präpositionalausdrücke haben lediglich in der lateinischen substantivischen „Bestimmungsgröße" Anteil am großen Gedankenstrom der Exegese

- Es gibt fast siebeneinhalb mal so viele rein lateinische als deutsche Präpositionalphrasen, die lediglich aus dem Verhältniswort und dem Nennwort bestehen. Das hängt natürlich mit dem Fehlen eines Artikels in der lateinischen Sprache zusammen

- Nur in 8,5% der untersuchten Fälle von Präpositionalverbindungen fügten sich ein deutsches Verhältniswort und ein lateinisches Substantiv direkt (ohne Zwischenschaltung) zusammen

Artikel:

- Beim Lesen tauchten oft Artikel und ein diesem nachgestelltes Adjektiv in der gleichen Sprache auf, während das Substantiv abgegrenzt wurde

- Zur Verwendung der bestimmten Artikel kann allgemein gesagt werden, dass sie sich nicht nach bestimmten Regeln klassifizieren lassen

- Bei Williram kann der bestimmte Artikel als ein Signal der Verweisung auf Vorinformationen fungieren. Stellenweise wird der deutsche Artikel zum lateinischen Wort der Vulgata hinzugesetzt

- Doch kann aus dieser Eigenschaft des bestimmten Artikels seine Verwendung bei einem lateinischen Substantiv nicht generell erklärt werden, denn meist wirkt diese Kombination der Sprachmischung wie rein willkürlich gesetzt, ohne jede Verweisungsfunktion

Sprachwechsel zw. Attribut und Bezugswort
- Eine der häufigsten Formen der Sprachmischung resultiert aus einem Wechsel der Sprache beim Übergang zwischen Attribut und Bestimmungswort

Anderssprachige Apposition:
- Die Anforderungen der christlichen Auslegung des Hohenliedes haben Williram bestimmte Ausdrucksformen für die sprachliche Bewältigung seiner Arbeit finden lassen.

- Als ein einfaches Mittel eine Verbindung zw. HL-Übersetzung oder einem anderen deutschen Wort, dessen Bedeutung erhellt werden soll und der Interpretation herzustellen, bot sich für ihn die Apposition an
„mine muoter synagogam" (48,38), „ih din Eclesia" (130,11)

- Eine deutsche Apposition bei einem lateinischen Substantiv würde nicht zu der Technik Willirams passen, die Deutung im Zusatz vorzunehmen, weswegen sich auch keine Belege finden lassen

8. Sprachwechsel

- Def: Aufeinanderfolgende Spannen, die verschiedenen Sprachen angehören, sofern der Doppelsprachträger beide Sprachen gut beherrscht und einen klaren Einschnitt zwischen die verwendeten Sprachabschnitte beim Sprechen vornimmt.

- Sprachwechsel in Abgrenzung zu Interferenz: beim SW unabhängig von den Strukturen der verwendeten Sprache

- Hinüberwechseln in eine andere Sprache wird nach G.Clyne als „triggering" bezeichnet, während er davon die Einwirkung einer Sprache auf die andere als „transference" abgrenzt

- Der Wechsel von Sprachen kann auf unterschiedliche Weisen geschehen

- Sprachmischung und Sprachschichtung: bei der Sprachmischung durchdringen sich die beiden Sprachen in ihren Einzelbestandteilen, sie leihen sich gegenseitig Worte und Wendungen. Bei der Sprachschichtung wechseln sie sich im Gebrauch einer und derselben Person ab, bleiben aber jede für sich geschlossen und einheitlich

- Einschaltung: ein einzelnes „Fremd"-wort wird in eine Sprache eingeflochten

- Umschaltung hingegen bezeichnet den Fall, wenn mehr als das bloße Einzelwort eingebunden wird

Ort des Sprachwechsels
- Vornehmlich an Übergängen von Sätzen. Sie eignen sich besonders, da eine kleine Sprechpause eingeschoben wird
- Aber auch jede andere Unterbrechung im Sprechablauf kann Ort eines Hinüberwechselns in die andere Sprache werden
- Einschübe in Form einzelner Wörter werden zudem gern an das Satzende gestellt

Ursachen des Sprachwechsels:

- Ein Sprachwechsel ohne Interferenz geht vorwiegend auf außersprachliche Bedingungen zurück. In diesem Zusammenhang können drei Faktoren genannt werden: Topos, Person und kontextuelle Spannung. Diese drei Faktoren können zusammenwirken, aber auch einzeln einen Sprachwechsel auslösen

- Williram wendet je nach Situation gezielte Mittel an (Situationsabhängigkeit der Sprachwahl)

- Bei Williram lässt sich klar ein Zusammenhang zwischen der augenblicklichen Denk- und Sprechsituation und der Wahl der jeweiligen Sprache nachweisen

- Es besteht aber auch ein nicht unbeträchtlicher Rest an scheinbar unmotivierten Sprachwechseln, was die Frage aufkommen lässt in wie weit dem Sprecher die Sprachwechselprozesse bewusst sind. Zweisprachige Sprecher neigen zu unbewusstem Hin- und Herschalten, wenn sie mit ihresgleichen sprechen

9. Zu einer wichtigen Methode der Exegese:

- Relativsätze als Hauptträger exegetischer Arbeit:

- Das Relativpronomen nimmt dabei Bezug auf einen wichtigen Begriff der Exegese und das Verbum stellt mit der Präposition „per" die Beziehung zum jeweiligen Wort des Bibelverses her. Relativsätze haben also die vornehmliche Aufgabe, die Rückbeziehung der Deutung auf die entsprechende Bibelstelle sicherzustellen

  „curas, quae per pallium significantur," (84,12/13)

10. Das Zusammenwirken von Deutsch und Latein

- Die Sprachmischung Willirams kann gegen die Sonderform der Interferenz abgehoben werden

- Interferenz: die Verwendung zweier Sprachen ermöglicht viele Sprachkombinationen innerhalb einer Aussage. Bei Williram beschränken sich die Beobachtungen im Wesentlichen aber nur auf das Wechseln von Sprachblöcken. Daneben gibt es bei Zweisprachigen viele Formen der Überlagerung zweier Sprachen in den Bereichen der Morphologie, Syntax und Semantik, welche als Interferenz bezeichnet werden

- Bei Williram-Rezitationen dürfte es keine gravierenden Aussprachedifferenzen zwischen Latein und Deutsch im Gebrauch der deutschen Gelehrten gegeben haben

- Interferenzerscheinungen in der Morphemstruktur sind bei Williram ebenfalls nicht nachzuweisen. Darin unterscheidet sich seine Prosaparaphrase stark von anderen gemischtsprachigen Texten

11. Stilistische Aspekte der Gestaltung Willirams Mischsprache
- Im Vorangegangenen wurde die Mischsprache Willirams auf funktionaler Ebene als Ergebnis von Vorgängen beschrieben, das sich für exegetische Darstellungen als nützlich erweist. Nun soll die Frage geklärt werden, ob sie auch das Resultat bewusster künstlerischer Gestaltung ist

- Eine Mischung von Sprachen kann je nach Perspektive als Barbarei oder schmuckvolle Ausgestaltung benannt werden. Bei Williram wirkt die Sprache nicht barbarisch...
- Parallelismen und Alliterationen verwendet Williram in stilistisch meisterlicher Darbietung
- Man kann von einem schwer schreitenden Stil und intellektuellem Pathos sprechen (nach H.Eggers)
- Bei Williram finden sich weitere stilistische Elemente wie der Chiasmus „quia fluminis impetus, uirtus scilicet sacri eloquii laetificat ciutstem meam" (71,12/13)

- Die Figur der Steigerung: kann bspw. Im Abschnitt 77,4-8 in der Folge zwei längerer „quia" –Sätze auf zwei kürzere nachgewiesen werden. Auch die Aufzählung der Martern zeigt in der Abfolge der in den Evangelien beschriebenen Stationen des Leidens Christi eine Klimax

- Besonders häufig findet man ebenfalls die „variatio". Sie ist beispielsweise in den vielen Ausdrucksmöglichkeiten für „bedeuten" zu erkennen. Williram verwendet kein Verb einer Bedeutungsgruppe zweimal hintereinander

- Das Mittel der Wiederholung steigert Williram gelegentlich bis zur Figur der Anapher. Im Allgemeinen jedoch ist die Wdh. als einfacher Parallelismus gestaltet. Williram folgt damit dem auffälligen Stilprinzip der Bibel und erhebt ein natürliches Ausdrucksmittel in seiner Paraphrase zu einem interessanten Gestaltungsmittel

- Willirams Werk zeigt sich mit starkem artistischen Moment und als Produkt bewusster Planung

- Die Gestaltungsabsicht zeigt sich auch in der Wahl der Mischsprache, da das Hohelied mit seiner Dialogstruktur förmlich nach einem adäquaten Ausrucksmuster in der Exegese schreit. Williram folgt damit außerdem der Anlage typischer mittelalterlicher Lehrbücher, die Gegenstände in Gesprächsform abhandeln

- Texte wurden im MA oft vorgetragen. In der freien Rede war ein Sprachwechsel üblich und Williram beachtete diesen Umstand auch bei der Gestaltung seiner Paraphrase und schaffte damit eine natürlich wirkende flüssige Mischprosa mit bekannten Klangmustern

12. Motivation für die Wahl der Mischsprache

Nachteile einer rein lateinischen Prosaparaphrase:
- sie unterschiede sich zu wenig von der Hexameterfassung des HL-Kommentars, welche die linke Spalte des in drei Kolumnen georneten Textes bildet. Außerdem könnte ein Prosakommentar nicht so gut mit dem erklärtem Streben nach besserem und leichterem Verständnis in Einklang gebracht werden
- ebenfalls würde die deutsche Übersetzung des HL nicht zu einem sich unmittelbar anschließenden lateinischen Kommentar passen.
- Wenn Williram, wie er betont, inhaltlich nichts Neues bringen will, so bleibt ihm nur den eigenen Beitrag in der Art und Weise des vorgegebenen Materials zu suchen.

Nachteile einer rein deutschen Prosaparaphrase:
- sie würde zur deutschen Hohelliedübersetzung, aber nicht zum Ziel des Exegeten passen (einen gut verständlichen Kommentar auf wissenschaftlichem Niveau zu schreiben)
- eine solche Paraphrase wäre für die angesprochene Leserschaft wohl zu befremdlich

Entscheidung für die Mischsprache:

- dialektisch-ästhetische Gründe
- Mischsprache bietet mit seinen lateinischen Elementen die Möglichkeit der Straffung und Verdeutlichung von Gedankengängen und den dogmatischen Leitfaden klar hervortreten zu lassen
- Für Williram war bei der Vermengung der beiden Sprachen auch bedeutsam, die literarische Tendenz, die sich in Notkers Werken und im Ezzolied niederschlägt, aufzugreifen und seiner eigenen Meisterschaft zu unterziehen
- In dem bewussten Gebrauch lag also eine Profilierungsmöglichkeit für den ehrgeizigen Abt. Am Königshof konnte er sich so auch als Gelehrter empfehlen und seine Fähigkeit zu einem Lehramt demonstrieren
- Die wichtigste Begründung für die Wahl der Mischsprache liegt aber bei der gesellschaftlichen Komponente, dass Sprachmischung täglich gebrauchtes Mittel der Literaten und gelehrten Sprecher war und wegen ihrer dennoch bestehenden Schwierigkeit einen gewaltigen Anreiz für Williram darstellte

Eine Aufgabe soll das Seminar einleiten. Mit ihr soll die Leistung Willirams gewürdigt und die Schwierigkeit der Textproduktion erkannt werden. Bei all dem form- und sprachgestalterischen Willen, den er zeigt, mag ich dennoch anzweifeln, dass Williram jedes einzelne Wort in voller Absicht verfasst hat (dass beides eine Rolle spielt wird sich im Referat zeigen). Vielmehr glaube ich, dass es in den Sprachen verschiedene Muster gibt, die eine bestimmte Zusammenfügung provozieren. Die folgende Aufgabe erhält also auch den Zweck, zu prüfen, ob es zu häufigen Parallelen bei den studentischen Mischsprachenbildungen und gewählten Sprachwechseln kommt. Das anschließende Referat soll in einer differenzierten Ausbreitung zur Mischsprache aufzeigen, dass Williram zu einer außerordentlichen Leistung befähigt war, die viele von uns nicht erbringen könnten.

Textabschnitt III (9–10):

1.Aufgabe hierzu: Erst im unteren Teil die Übersetzung des Kommentars auf der rechten Seite lesen und versuchen, englische Einsprängsel oder ganze Passagen so mit dem Deutschen zu verbinden, dass ein flüssiger Text entsteht.

2.Vor welche Probleme stellt euch diese Aufgabe? Vergleicht die gewonnenen Ergebnisse im Seminar. Gibt es Methoden, die mehrere von euch angewendet haben, gibt es Wörter oder Passagen die gleich gewählt wurden? Wer hat die Überlegung nach dem „Warum setze ich was an welcher Stelle" in seine Sprachmischung einfließen lassen?

3.Besitzen die Produkte von Sprachmischungen ästhetischen Charakter? Vergleicht eure Ausarbeitungen mit denen Willirams

Fusca licet uidear. ut castra nigrantia cedar:
Sum speciosa nimis. ueluti pelles salomonis.

Fusca quidem plagis. sed honore nitens
bonitatis.
Perfero grande malum natos inter tenebrarum
Attamen intern,e uirtutis compta decore.
Pacifici ueri templum conabor haberi.

9

Nigra sum sed
formosa filie
ierusalem. sicut
tabernacula
cedar. sicut
pelles salomonis

Ìh bin sálo. sámo die héreberga cedar:
unte bin ábo uuàtlich. sámo díu gezélt
salomonis.

Cedar qui interpretatur tenebr,e. er
uuás ismahelis sùn. uóne demo ismahelit,e
cúman sint. die der hùser nehábent. sunter
ókkeret uilz hûs. unte ándera únuuatlíche
héreberga. Mit cedâr sint *filii tenebrarum*
bezêichenet. uon dén ih mih chlágon. Abe
dóh suíese ih mit *persecutionibus et*
erumnis uon in gequélet si. ih habo dóh
uuâtliche *in uirtutibus.* unte bidíù uuírdig
bin *uisitatione et inhabitatione ueri*
pacifici. idest christi. Tabernacula die
uuérdent *ex pellibus mortuorum*
animalium. also máchon ih
tabernaculum deo. an dén *qui carnem*
suam mortificant cum uitiis et
concupiscentiis.

O uos uicin,e. cur sim tam fusca ridete.
Ob nimium solem pulchrum deperdo colorem;

Gloria uirtutum pallet fervore malorum:
Dum premor a prauis. nec sunt mihi tempora
pacis.
At decus interius. pressuris fit quoque maius.

10

Nolite me
considerare
quod fusca sim.
quia decolorauit
me sol.

Ne tuùont des nieth uuàra. dáz ih so sálo
si. iz tûot mír michel nót. uuanta díu hêizza
sùnna. hât mír mìne scône benóman.

Neséhent daz nieth ána. uuéleches lêides
ih lébe. séhent daz ána. daz ih dar úmbe
mih níene gelôibon minero *uirtuose*
constanti,e. mit déro ih behálton mìne
interiorem pulchritudinem.

Übersetzung:

9d Möglich, daß ich dunkel erscheine,/ wie die schwärzlichen Befestigungen Cedar://
Bin aber äußerst kostbar/ wie die Teppiche Salomos

9e Schwarz zwar durch Schläge,/ aber durch die Ehre der Güte glänzend,// ertrage ich großes Übel,/ von den Kindern der Finsternisse.// Dennoch werde ich,/ mit dem Schmuck der inneren Tugend geziert, //versuchen, für den Tempel des wahren Friedensbringers/ gehalten zu werden.

9a

Ich bin schwarz, aber von schöner Gestalt, Töchter Jerusalems: wie die Hütten Cedar, wie die Teppiche Salomos

9b Ich bin dunkel wie die Behausungen Cedar; und bin gleichzeitig hübsch wie die Zelte Salomons.

9c Cedar, der mit 'Dunkelheiten' übersetzt wird, war der Sohn Ismaels, von dem die Ismaeliten herkommen, die keine Häuser haben, sondern Filzhäuser bewohnen und andere unhübsche Behausungen. Mit Cedar werden die Söhne der Finsternisse gemeint, deretwegen ich Klage führe. Trotzdem, wie ich auch mit Verfolgungen und Beschwerden von ihnen gequält bin, halte ich mich doch hübsch in Tugenden und bin daher würdig des Besuchs und der Einwohnung des wahren Friedensbringers, d.h. Christi. Hütten entstehen aus den Fellen toter Tiere. So mache ich auch eine Hütte für Gott bei denen, die ihr Fleisch töten mit Lastern und Begierlichkeiten.

10d Ihr Nachbarn,/ warum belacht ihr, daß ich so dunkel bin? //Wegen zu viel Sonne/ verlor ich die schöne Farbe.

10e Der Glanz der Tugenden/ verblaßt durch die Hitze der Übel./ Denn bedrängt von den Schlechten/ gibt's keine Friedenszeiten für mich,

10a

Wollt nicht das bedenken, daß ich dunkel sei, weil mich die Sonne verfärbte.

10b Laßt es mich nicht entgelten, daß ich so dunkel bin. Es bereitet mir großen Schmerz, denn die heiße Sonne hat mir meine Schönheit genommen.

10c Seht nicht darauf, in welchem Leid ich lebe, seht vielmehr darauf, daß ich mich